ESSAI

SUR LE DESPOTISME

DANS L'INDOSTAN,

Traduit de l'Anglais, de DOW,

Par A. J. B.

A PARIS,

Chez Debray, Libraire, galerie de bois, N°. 235,
Palais-Égalité.

Et chez les Marchands de Nouveautés.

AN VI.

PRÉFACE.

La connoissance des mœurs et du génie des peuples de l'Inde, est de la plus haute importance pour les Européens qui veulent former des liaisons politiques ou commerciales, avec les habitans de cette vaste et riche contrée. C'est dans la vue de répandre parmi nos compatriotes, les lumières acquises par les Anglais sur cet objet essentiel, que je publie aujourd'hui cet Essai, et que je donnerai incessamment au public, une histoire de l'Indostan, traduite du Persan en Anglais, par Dow. Dans un supplément que j'y joindrai, je ferai connoître les moyens employés par les Anglais, pour s'emparer de la puissance réelle du Grand-Mogol, et jetter les fondemens d'un empire quatre fois plus vaste et plus peuplé que les Isles Britanniques. Mais si, comme le dit Dow, dans la dissertation estimée dont je donne la traduction, l'Empire naissant des Marattes repose sur la vertu, c'est sur les crimes les plus atroces, qu'est fondé dans l'Inde, l'Empire des Anglais. Ce n'est point la haine nationale, c'est la force de la vérité qui me fait avancer cete proposition; et je prends ici l'engagement solemnel de la démontrer jusqu'à l'évidence, par des faits avérés à Londres comme à Paris. Je dirai comment des

Princes paisibles et vertueux ont été mis à mort, pour favoriser des vues ambitieuses ; comment des villes riches et florissantes ont été détruites de fond en comble, et leurs habitans dispersés par la violence, après des capitulations signées ; comment des villages sans nombre ont été dévastés, et leur population anéantie, pour satisfaire la haine, l'avarice et l'ambition. Je dirai comment plusieurs millions d'hommes ont péri, dans les angoisses et les tourmens d'une famine dévorante, par l'atroce et insatiable cupidité des Anglais. Et si nos Anglomanes se refusent à la conviction, et arguent contre les faits, de l'éloignement du théâtre, pour les rendre moins incrédules, je les conduirai sur les rives de la Loire, sur les côtes de la Méditerranée, sur les rivages de l'Océan. Par-tout le sang Français, coulant à grands flots sous des glaives Français, rendra témoignage contre la politique jalouse et cruelle de cet ennemi, aussi lâche qu'astucieux, de ce peuple prétendu libre et philosophe.

Je ne dis rien de la dissertation sur le despotisme, dont je donne la traduction ; elle n'est pas assez volumineuse pour que j'en fasse un abrégé, suivi du panégyrique. Après l'avoir lue, on la jugera, si l'on ne préfère pas l'usage, assez généralement reçu, de juger sans connoître.

ESSAI

SUR L'ORIGINE ET LA NATURE

DU DESPOTISME,

DANS L'INDOSTAN,

Traduit de l'Anglais, de Dow.

Les circonstances donnent au gouvernement sa forme; c'est des mœurs du peuple, qu'il tient son esprit, son génie. La langueur occasionnée par la chaleur du climat, porte l'Indien à l'indolence et à la paresse. Les maux du despotisme lui paroissent moins pénibles que les agitations de la liberté. La tranquillité est le principal objet de ses desirs. Son bonheur consiste dans la simple absence de l'infortune; et il faut que l'oppression ait dégénéré en une folie, qui dès lors détruit elle-même ses propres desseins, avant qu'il lui donne le nom d'injustice. L'Indien porte ces sentimens phlegmatiques jusques sur son état futur. Il se l'imagine, une maniere d'être, exempte de passions, dans laquelle toutes les facultés de l'ame sont anéanties, hormis le sentiment de son existence.

D'autres raisons, d'une obéissance passive, se combinent avec l'amour de la paresse. Le soleil qui énerve le corps de l'Indien, produit spontanément pour lui les différens fruits de la terre. Sans beaucoup de travail, il trouve sa subsistance; et il n'a besoin d'être couvert que par l'ombre. Sous son heureux climat, le soufle glacé de l'hiver est inconnu; les saisons ne sont marquées que par un nombre arbitraire de jours et de nuits. La propriété, étant en quelque façon peu nécessaire, devient de peu de valeur; et les hommes se soumettent, sans résistance, à des violations de droits, qui peuvent bien les heurter, mais non les détruire. Leurs institutions religieuses les portent à la paix, à la soumission. Le peuple vit dans l'austérité des philosophes, dans l'abstinence des dévots. Ayant horreur de commettre le crime, il ressent peu les injustices des autres; et sa foible nourriture refroidit son tempéramment à un tel degré, que la passion ne sauroit l'échauffer.

La fertilité du sol, qui dans les autres empires constitue le bonheur des habitans, fut une source d'infortunes pour les Indiens. Malgré leur indolence et leur frugalité, ils eurent quelque industrie; et manquant de peu de choses, les arts qui leur étoient propres, la fertilité de leur pays, les rendirent opulents. Les richesses, avec le tems, s'acoumulèrent dans leurs mains, et ils furent en but aux déprédations des peuples farouches qui habitoient le nord de l'Asie. La facilité de faire des incursions chez un peuple paisible et doux, encouragea les conquérans. Les vainqueurs, au lieu de transporter leur butin dans leur patrie, se fixerent dans les lieux où ils l'avoient trouvé, et joignirent le plaisir de gouverner les peuples conquis, aux autres avantages que procurent les richesses.

L'Asie, siege des plus grands empires, a toujours nourri les esclaves les plus abjects. Les montagnes de la Perse n'ont pas été capables d'arrêter le flux du despotisme; il n'a point été ralenti dans sa course, par les plaines gelées de la Tartarie, par l'air glacé du nord. Mais quoique le despotisme gouverne l'Asie; dans différentes contrées, il se montre sous différentes formes. Les Arabes du desert, seuls, possedent la liberté, et la doivent à la stérilité de leur pays. Indépendans des révolutions et des changemens, ils voyent avec insouciance autour d'eux, les empires s'élever et s'écrouler. Ils restent toujours inconquis par les armes, par le luxe, par la corruption. Ils n'alterent point leur langage; ils conservent leurs mœurs, leurs anciens usages, leur maniere de se vêtir. Toute leur propriété est dans leurs troupeaux, leurs tentes, leurs armes. Tous les ans, ils font un léger présent volontaire au chef de leur tribu. Ils se révoltent contre l'oppression; et ils sont libres, par une nécessité qu'ils prennent pour leur propre volonté. Lorsque les hommes sont obligés d'errer pour chercher leur subsistance, le despotisme ne sait où trouver ses esclaves.

Quoique errant comme l'Arabe, le Tartare ne fut jamais également libre. Excepté pendant quelques périodes tres-courtes, durant lesquelles la fortune d'un seul établit un despotisme momentané sur tous, une violente aristocratie a toujours dominé sur la Tartarie. Là, tout est armé, homme contre homme, chef contre chef, tribu contre tribu. La guerre n'est pas une profession particuliere, c'est la constante occupation de tous. Dans les solitudes de la Tartarie, l'homme est plus effrayé à la vue de l'homme, qu'à celle des bêtes de proie. Le voyageur s'avance avec crainte et prudence; dans chaque souffle du vent il entend un ennemi. Apperçoit-il sur le sable quelques vestiges, il s'éloigne et tire son épée. Quoique la stérilité du pays se soit opposée à la naissance et à l'introduction du luxe, l'avarice y domine; et celui qui a le moins à perdre, est le plus indépendant. Dans un pays où l'on risque à chaque instant sa vie, dans l'espoir du plus mince butin, le vol prend le nom plus honnête, de conquête; l'assassin est honoré sous le nom de guerrier.

Dans les montagnes qui séparent la Perse de l'Inde, la nature et la disposition du pays ont formé une autre espece de société. Chaque vallée renferme une communauté, soumise à un Prince, dont le despotisme est tempéré par l'idée reçue, qu'il est autant le chef de la race, que le souverain de la peuplade. Ses sujets lui obéissent sans répugnance, et tirent de sa grandeur la considération de leur propre famille. Ils l'accompagnent dans ses guerres, avec le même attachement que des enfans ont pour leurs parens; et son gouvernement, quoique sévere, tient plus de la discipline rigide d'un général d'armée, que du caprice d'un despote. Sauvages comme la terre de leur patrie; terribles, impétueux comme les ouragans qui assiegent les sommets de leurs montagnes, ils aiment les incursions, les déprédations, et se réjouissent dans le pillage et les combats. Fortement liés à leurs amis, dans la guerre; cruels et sans foi pour leurs ennemis, ils font consister la justice dans la force, et déguisent la fourberie sous le nom d'adresse. Tels sont les Afgans ou Patanes, qui ont conquis l'Inde, et l'ont gouvernée long-tems.

Le despotisme que les Patanes établirent dans leurs conquêtes, tint de la violence de leur caractere national. Leur gouvernement fut oppressif par orgueil, tyrannique par passion plutôt que par avarice. Renforcés par les émigrations successives des montagnards de l'Afganistan, ils conserverent leur caractere distinct, au milieu du luxe de l'Indostan. Lorsque le monarque devenoit voluptueux, et indigne de sa race, ils le remplaçoient par quelque général entreprenant du nord, qui communiquoit toute sa vigueur à la grande machine de l'état. L'empire fut conservé par une succession de talens, plutôt que par la succession héréditaire des Princes ; et ce furent les compatriotes, et non la postérité des premiers conquérans, qui conserverent la domination des Patanes sur l'Indostan.

La conquête de l'Inde, par la famille de Timur, vint de l'habileté d'un seul homme, non de l'effort d'une nation. Baber, lui-même, étoit étranger dans le pays sur lequel il régnoit, avant d'avoir pénétré au-delà de l'Indus. Ses troupes étoient composées de soldats de fortune de diverses contrées; ses officiers étoient des hommes qui devoient leur rang au mérite, non à un avancement successif. La religion de Mahomet, qu'ils professoient tous, leur obéissance à un seul chef, furent les seuls liens qui unirent les conquérans à leur arrivée, et bientôt ils se trouverent dispersés sur la vaste étendue des pays conquis par leurs armes. Le caractere du Prince s'amolit dans le gouvernement, et les dispositions humaines de ses successeurs contribuerent à fixer le despotisme tempéré qu'il avoit établi dans ses conquêtes.

Une continuelle introduction d'étrangers du nord de l'Asie, devint nécessaire pour soutenir l'autorité des Princes qui professoient une religion différente de celle de leurs sujets, dans le vaste empire de l'Inde. L'armée étoit recrutée par des soldats de différentes nations, la cour composée de nobles de divers royaumes. Les courtisans suivoient la religion de Mahomet. Les réglemens et l'esprit du Coran, leur firent perdre leurs idées premieres, et caractéristiques sur le gouvernement; et le système entier fut formé et animé, d'après les principes limités que Mahomet avoit promulgués dans les deserts de l'Arabie.

Le mahométisme est particuliérement combiné pour le despotisme; et c'est une des principales causes, qui doit assurer pour toujours la durée de cette espece de gouvernement sur l'Orient. Le législateur fournit, dans sa propre conduite, la preuve incontestable de cette proposition. Il dut ses succès à son cimeterre, plutôt qu'à son adresse; la tyrannie qu'il établit fut de l'espece la plus illimitée. Il soumit à l'esclavage et le corps et l'esprit. Lorsque la persuasion, la séduction, manquoient leur but, l'argument irrésistible de l'épée portoit la conviction. Il opéra un changement, une révolution, dans l'esprit des hommes ainsi que dans les empires; et les ambitieux soutiendront toujours un système, dont les fondemens reposent sur l'obéissance passive de ceux que la fortune a une fois soumis à leur autorité.

Le pouvoir illimité que le mahométisme donne à chaque chef de famille, habitue l'homme à l'esclavage. Dès ses plus jeunes années, l'enfant apprend à regarder son père, comme l'arbitre souverain de son existence ou de sa mort. Le grand nombre de femmes et de concubines qu'entretiennent les plus puissans et les plus riches, est une cause d'animosités, de querelles, qui ne peuvent être réprimées que par une autorité sévère et sans bornes, dans le chef de la famille. Cette espèce de despotisme privé, est en miniature le portrait de celui qui gouverne l'État; et il a le même effet en réduisant toutes les passions, sous l'empire de la crainte. La jalousie elle-même, le plus violent de tous les défauts de l'ame, est soumise dans les murs du Harem. Les femmes peuvent bien se consumer de douleur en secret; mais la gaieté, la sérénité doivent être sur leur visage dès que le maître paroît. La désobéissance entraîne un chatiment immédiat; elles éprouvent la dégradation, le divorce, la correction, quelquefois même la mort, suivant leur opiniâtreté, leur crime ou la colere du mari offensé. On ne fait aucune recherche sur leur sort. Leurs amis peuvent murmurer; mais la loi n'ordonne aucune réparation; car du Harem, il n'y a nul appel à la justice publique.

Les jeunes gens, l'esprit accoutumé à la soumission, deviennent eux-mêmes à leur tour chefs de famille. Leur pouvoir étant borné par l'enceinte de leurs maisons, ils y exercent en particulier, ce despotisme qu'ils redoutent en public: mais quoique délivrés de la tyrannie domestique, ils sont toujours esclaves. Des gouverneurs, des magistrats, des officiers inférieurs, revêtus du pouvoir du principal despote, dont le vouloir est la loi de l'Empire, exercent avec rigueur leur autorité. L'idée d'une obéissance passive, circule dans toutes les veines de l'Etat; et la grande machine, liée dans toutes ses parties, par un pouvoir arbitraire, est mue par l'esprit actif du prince. La douceur ou la violence du gouvernement, dans tous ses départemens, dépend de la disposition naturelle de son esprit.

La loi de compensation pour l'homicide, autorisée par le coran, est suivie d'effets pernicieux; elle accable le pauvre et encourage le riche à la passion barbare de la vengeance. Dans l'Inde, le prix du sang d'un homme, n'est pas le tiers du prix d'un cheval. Les principes innés de justice et d'humanité, sont affoiblis par cette cause. La sécurité est bannie de la société, parce que la fureur fait souvent oublier l'amour de l'argent. Une religion qui traite avec indulgence des crimes qui font frissonner les autres nations, ouvre un champ libre et vaste à la cruauté du Prince; habitué à prononcer des jugemens contre les criminels, il se familiarise avec la mort; il confond la passion avec la justice; un signe de tête est la condamnation; les hommes sont entraînés au supplice avec une rapidité qui devance la crainte. Cet événement n'a d'autre conséquence, que d'inspirer la terreur à l'homme coupable ou soupçonné; et les spectateurs remarquent à peine une exécution, à laquelle sa fréquente répétition les faisoit s'attendre.

Le bain fréquent, prescrit par le Coran, en affoiblissant le corps, a un grand effet sur l'esprit. L'habitude a fait du bain chaud un luxe délicieux. Les femmes passent les journées entieres dans l'eau, et hâtent ainsi l'approche de la vieillesse. L'indolence des hommes qui les attire vers les plaisirs tranquilles les attache à un usage dont Mahomet a fait un précepte religieux. La défense du vin est aussi favorable au despotisme ; elle prévient cette communication libre des sentimens, qui fait sortir l'homme de sa honteuse indifférence pour ses droits naturels. Privés de cette liqueur, les Musulmans deviennent froids, timides, réservés, cauteleux, intéressés ; étrangers à ces passions bouillantes, à cette précieuse élévation de l'ame, qui donnent à l'homme la franchise et la liberté. Dans l'Orient, il n'existe point de lieux publics de réunion, point de communication de sentimens, point de moyens qui menent à l'amitié privée. Il y regne une humeur chagrine, un amour de la retraite, qui désunissent le genre humain ; et comme toute association parmi les hommes est empêchée, la force du gouvernement se trouve augmentée, par la vertu même de la tempérance.

La doctrine d'une fatalité rigide, ou prédestination absolue, un des principaux articles de la croyance mahometane, influe essentiellement sur le caractere et les mœurs des hommes. Lorsque cette opinion est adoptée comme article de foi, on cherche envain à faire sentir la nécessité de la prévoyance. Le fataliste commence une action, parce que la nature humaine est incapable d'une inaction absolue ; mais si l'amour du repos le sollicite, si un obstacle s'éleve et s'oppose à son dessein, il n'a aucun motif de persévérance ;

il attend un autre jour, peut-être un autre mois; enfin, il confie le tout à la Providence, et rend Dieu l'agent même de ses crimes. La non-réussite ne peut être regardée comme une disgrâce, puisque le succès ne dépend pas de l'habileté. Un général, par sa foiblesse perd une bataille, il en rejette la faute sur la Providence.

L'extensive polygamie, permise par l'Islanisme, a un effet désastreux sur l'esprit de ses sectateurs; mais elle a ses avantages comme ses défauts. La nature particuliere du climat soumet les femmes à plusieurs maladies, et en peu d'années les précipite dans la vieillesse. Un homme conserve sa vigueur plus long-tems que trois femmes ne conservent leur fraîcheur, ce qui rend la polygamie nécessaire au soutien de l'espece humaine; d'un autre coté, cette coutume affoiblit la tendresse paternelle; car un mari ne pouvant partager également son affection entre plusieurs femmes, les enfans de la favorite doivent être préférés. Ceux-ci même ne seront pas beaucoup aimés. La perte d'un enfant n'est pas une infortune, et le soin de les conserver est affoibli par la facilité que le nombre de ses femmes fournit au pere, pour donner à d'autres l'existence. L'enfant lui-même n'est pas étranger à cette indifférence, et manque en proportion à ses devoirs. La jalousie des meres dans le Harem, dégénere en haine chez leurs enfans. L'affection parmi les freres, est annihilée à la maison; et lorsqu'ils en sortent pour entrer dans le monde, ils y portent leur animosité dans toutes les différentes transactions de la vie.

Ces préceptes religieux, si favorables au despotisme, sont accompagnés d'opinions, de coutumes particulieres, ennemies absolues de l'indépendance et de la liberté. La retraite des femmes est sacrée chez les Mahometans. Les freres ne peuvent les visiter en particulier, les étrangers ne doivent jamais les voir. Cette excessive jalousie dérive de plusieurs causes; elle vient de la religion, qui ordonne la modestie aux femmes; elle est due en partie à la politique du gouvernement, et à la nature du climat, sous lequel la continence est une vertu bien plus difficile que dans les froides régions du Nord. L'honneur consiste en ce que les hommes sont le plus jaloux de conserver. La chasteté de ses femmes est un point sans lequel un Asiatique ne doit pas vivre. Le despote favorise cette opinion, parce que la possession des femmes de ses sujets les plus puissans est pour lui un gage suffisant de leur fidélité, lorsqu'ils sont absents pour quelque expédition ou pour la guerre.

Lorsqu'un gouverneur est soupçonné de manquer d'attachement à son prince, la Première mesure prise contre lui, est un ordre d'envoyer ses femmes à la cour; une seule de ses femmes, et même la moins aimée, doit le lier à la soumission, à la fidélité; s'il obéit à l'instant, tout soupçon s'évanouit; s'il hésite un moment, il est déclaré rebelle. Son affection pour ses femmes, n'est pas le gage de sa fidélité; mais son honneur est, en leur personne, sous la puissance de son souverain. Les femmes sont si sacrées dans l'Inde, qu'elles n'éprouvent aucun mauvais traitement, même du soldat, au sein de la dévastation et du carnage. Le Harem est un sanctuaire où le vainqueur n'ose pénétrer ; et le brigand couvert du sang du mari, s'arrête et retourne avec confusion sur ses pas, à la vue des appartemens secrets de ses femmes.

Dans le silence qui accompagne le despotisme, tout est sombre, imposant ; la justice elle-même s'exécute dans le secret, et quelquefois un seul coup de canon, parti à minuit du palais du despote, proclame l'exécution de mort. Les hommes eux-mêmes se plaisent à s'envelopper du mystere, et se réjouissent de leur bonheur quand leurs plaisirs échappent à l'œil de leur souverain. La volupté est donc préférée à la débauche brillante. Jouir de la compagnie des femmes, est chez les Mahométans, le premier besoin de la vie ; et dans la variété de leurs charmes, ils oublient le précaire de leur situation dans l'Etat. Cette vie nécessairement retirée, augmente leur jouissance ; et l'extrême sensibilité, particuliere peut-être aux habitans d'un climat brûlant, porte le plaisir à un excès qui effemine l'esprit. Les hommes possedent et craignent de perdre ; et le despotisme, fondé sur la crainte et la molesse, dérive sa permanence et sa stabilité des défauts et des vices de ses esclaves.

Les germes du despotisme, que la nature du climat et la fertilité du sol avoient placés dans l'Inde, ont reçu du mahometisme, un parfait développement. Lorsqu'un peuple a été long-tems soumis à un pouvoir arbitraire, son retour à la liberté est difficile et presque impossible. L'esclavage par l'habitude se lie à la nature, et ce je ne sais quoi appelé vertu publique, n'existe plus. Le sujet ne pense jamais à

une

une réforme, et le Prince qui seul en auroit le pouvoir, n'introduit pas d'innovations qui limiteroient sa propre autorité. Le despote, fut-il transporté de l'enthousiasme de l'esprit public, le peuple se révolteroit contre l'introduction de la liberté, et retourneroit à une forme de gouvernement dont il n'a pas l'embarras.

La simplicité du despotisme le rend recommandable à une race d'hommes paresseux et ignorans; son impartialité marquée, la prompte justice, la sévérité immédiate contre les crimes, éblouit leurs yeux superficiels, et fait naitre dans leur esprit une vénération pour leur Prince, qui tient de l'idolâtrie. Lorsqu'il est actif et déterminé dans ses mesures, la grande machine se meut avec une promptitude qui porte l'activité jusqu'aux extrémités de l'Empire: sa violence, ses caprices mêmes sont vertus. Il faut que les eaux soient continuellement agitées pour conserver leur fraîcheur. L'indolence et l'irrésolution peuvent seules être pour lui des vices ruineux. En effet, sa violence et ses caprices peuvent causer quelque tort à l'Etat; mais son indolence et son irrésolution doivent le laisser s'anéantir. Un Prince sévère et jaloux de son autorité, empêche la tyrannie des autres; et quoiqu'il soit lui-même farouche, ambitieux, le peuple tire avantage de ce qu'il est seul despote. sa fureur s'appesantit sur les esclaves qui s'honorent de sa présence; mais le peuple échappe à sa rage, par l'éloignement où il est de son bras.

La forme despotique du gouvernement n'est pas toutefois aussi terrible que se l'imaginent les hommes nés dans un pays libre : quoique le despote ne soit lté par aucune loi civile, il existe une grande loi, l'idée que les hommes se sont formée du juste et de l'injuste par laquelle il est enchaîné. Lorsqu'il devient assassin, il apprend aux autres à se servir contre lui du poignard. Des actes d'injustice, souvent répétés, détruisent par degrés cette opinion, qui est la seule base de son autorité. Dans l'indifférence que ses sujets conçoivent pour sa personne et son gouvernement, il devient exposé à toutes les conspirations des courtisans, aux projets ambitieux de ses parens ; il peut avoir quelques esclaves, mais non des amis ; sa personne est exposée à tout. La certitude de l'impunité, peut armer contre lui jusqu'aux plus lâches ; et ainsi, en voulant trop étendre un pouvoir excessif, il perd son autorité avec la vie.

Le despotisme se montre avec ses formes les plus attrayantes, sous la maison impériale de Timur. L'habileté peu commune de la plupart des Princes, le caractere doux et humain de tous, firent de l'Indostan l'empire le plus florissant de l'univers pendant le cours de deux siecles entiers. Le caractere mâle et généreux de Baber, ne souffrit pas que l'oppression suivît les victoires de son épée ; il vint avec l'intention de gouverner les peuples qu'il subjugua ; et des motifs d'intérêt personnel, se combinant avec son humanité, non seulement il épargna les vaincus, mais il les protégea. Son invasion ne fut pas une incursion momentanée de pillage, mais il regarda les avantages de la couronne comme une récompense suffisante de ses travaux. Il fit don à ses nobles des revenus de leurs gouvernemens : ennemi d'une pompe et d'un faste inutiles, il aima mieux remplir graduellement ses trésors avec une partie des revenus, qu'avec les propriétés des individus que la fortune de la guerre avoit mis sous son pouvoir. Soumis par son grand caractere, les compagnons de ses victoires porterent la douceur et la stricte équité dans toutes les parties du gouvernement. La tyrannie de la famille de Lodi fut oubliée, et les arts qui avoient été presque anéantis par un despotisme violent, commencerent à reparoître sous l'administration modérée de Baber.

Quoiqu'inférieur en talens à son pere, Houmaioun porta sur le trône ses aimables vertus : il fut vigilant et actif dans l'administration de la justice. Il assura la propriété par ses édits; et ennemi lui-même de la rapacité, il sut punir de leur oppression, ses délégués dans les provinces. Les troubles qui agiterent son regne, furent l'effet de l'ambition des autres; et son expulsion du trône fut moins une infortune pour lui que pour ses sujets. Lorsqu'il revint avec la victoire, il laissa derriere lui la vile passion de la vengeance; il ne punit pas son peuple de son propre malheur, et sembla oublier le passé, à la vue du bien qu'il pouvoit faire dans l'avenir. Les nations de l'Inde sentirent par le bienfait de sa présence, combien elles avoient perdu par son absence : quoiqu'épuisé sous les tyrans qui se succéderent pendant son exil, l'Indostan commença à revivre lorsque ce prince remonta sur le trône. Sa mort subite et inopinée présageoit une violente tempête, qui fut dissipée par les rares talens et les vertus de son fils.

Akbar possédoit l'intrépidité guerriere de Baber,

B 2

la douceur de Houmaïoun pendant la paix. Hardi, brave, entreprenant, il fut ennemi de l'oppression ; incapable de crainte, il eut la haine la plus forte pour la cruauté. Au milieu de ses exploits militaires, il n'oublia pas les arts de la paix. Par un édit, il établit en faveur de ses sujets, le droit de transmettre leur propriété sans le consentement de la couronne ; et en ordonnant qu'un registre des droits payés par les terres, seroit tenu dans chaque district, il ôta à ses officiers le pouvoir d'opprimer le peuple. Sévère dans sa justice, il ne pardonna jamais l'extorsion. Par diverses proclamations, il suscita de justes plaintes contre les agens du fisc ; il encouragea le commerce, en supprimant tous les droits dans l'intérieur des provinces, et en accordant une protection constante aux marchands de tous les pays. Il ne regarda ni les opinions religieuses, ni la patrie des hommes ; tous ceux qui entroient dans ses états, étoient ses sujets et avoient droit à sa justice. Il publia un édit, renouvellé ensuite par Aurengzebe, qui défendoit d'augmenter l'impôt de ceux qui amélioroient leurs terres ; ce réglement sage encouragea l'industrie, et fut une source de richesses pour l'État.

Jehandgire, quoique peu propre à la guerre, marcha sur les traces de son père, en réglant les affaires civiles de l'État ; pénétré de la plus haute estime pour l'habileté d'Akbar, il maintint en vigueur tous ses édits, et fut constamment le protecteur du peuple contre la rapacité de ses propres officiers. Dans l'administration de la justice, il fut exact, scrupuleux, sévère ; et si quelquefois il rendit quelque mauvaise décision, elle fut l'effet de sa foiblesse plutôt que du vice de son esprit.

Soha Dejan, son fils, posséda de plus grandes qualités, et fut plus attentif à ce qui concernoit ses sujets. Il étoit exactement informé de l'état de l'empire, et exempt de ces caprices, de ces inconvenances, qui jetterent du discrédit sur l'administration de son pere; il rendit son peuple heureux, par la gravité, la justice et la solemnité de ses décisions. L'empire fut florissant, sous son gouvernement, ferme et équitable. La vigilance de l'Empereur fit disparoître l'oppression des officiers de la couronne; et la stricte impartialité qu'il établit dans les cours de justice, diminua les injustices des hommes.

Aurengzebe, pour qui les affaires étoient des amusemens, acquit, par une application continuelle, la connoissance la plus étendue des affaires de l'empire. Il s'instruisit exactement des impôts que payoit chaque district, de la maniere de procéder des cours inférieures, et même du caractere et des dispositions des différens juges. Il ordonna que le registre des revenus fut toujours ouvert aux yeux de tous, afin que le peuple pût distinguer l'extorsion des justes demandes de la couronne. Il ordonna que les hommes, versés dans les usages des différentes cours, dans les préceptes du Coran, dans les réglemens fixés par les édits, seroient entretenus aux frais du public, et donneroient gratuitement aux pauvres, leurs avis dans les matieres religieuses. Il établit un appel au-delà de certaines sommes; il disgracia des juges, pour une erreur dans leur jugement, et les punit sévèrement lorsqu'il les trouva corrompus ou partiaux. Son activité tint en mouvement, dans toutes ses parties, la grande machine du gouvernement.

Son œil pénétrant suivit l'oppresseur dans ses retraites les plus cachées, et son austere justice établit la tranquillité, et assura la propriété dans ses vastes états.

Lorsque Baber, à la tête de ses armées, prit possession des domaines de la maison impériale de Lodi, il conserva à la couronne la propriété de toutes les terres : annuellement affermées aux sujets, elles fournirent ces immenses revenus qui soutinrent l'inimitable splendeur de ses successeurs au trône. La propriété des particuliers consistoit d'abord en meubles et en argent seulement, et les officiers de la couronne ne pouvoient même pas en disposer par testament, sans le consentement du Prince. La postérité de Baber aliéna à perpétuité des domaines de la couronne, en faveur de services particuliers. Ces propriétés se transmirent par testament, ou bien le possesseur mourant sans tester, suivant la loi du Coran, elles furent également partagées entre ses enfans. Cette espece de propriété pouvoit aussi se transmettre par vente; et on a estimé que plus du tiers des propriétés de la couronne, avoit été aliéné par ces especes de présens.

Ces donations n'étoient cependant pas toujours suffisantes, pour mettre à l'abri des violences de la couronne. Quelques Empereurs se trouverent forcés à reprendre plusieurs de ces biens, et il faut avouer que la nécessité politique justifioit cette mesure. Des Princes qui se disputoient l'empire, étoient prodigues dans leurs dons; et si une reprise de possession n'eût pas eu lieu de tems en tems, le revenu de la couronne se fût bientôt annihilé. On donnoit cependant aux propriétaires une espece d'équivalent, on leur assuroit une pension, et leurs enfans étoient reçus au service du gouvernement. La richesse des officiers de la couronne est considérée après leur mort comme une propriété impériale ; mais si elle n'est pas immense, le Prince ne s'en empare jamais. Dans ce cas même, on donne aux enfans une provision convenable, et par une coutume établie, ils ont droit à être employés dans quelqu'un des départemens de l'état. Les femmes du défunt reçoivent des pensions annuelles, et elles peuvent, ou vivre en viduité, ou contracter par le mariage de nouvelles alliances.

Le système du gouvernement Mogol n'admet pas d'honneurs héréditaires. Il faut que chaque homme se doive, à lui-même et à son souverain, le rang et la préférence dont il jouit. La haute naissance étoit cependant respectée ; et pour ceux qui possédoient des talens, elle étoit une forte recommandation à la cour de princes, fiers de leur noble origine.

A l'exception de ceux qui venoient du militaire, les rangs et les degrés de noblesse appartenoient aux places. Des juges, des hommes de lettres, des marchands distingués, furent souvent décorés de titres, et admis avec les premiers nobles à la présence du souverain. Les nobles étoient divisés en trois classes, les Emirs, qui étoient les principaux officiers de l'état et les Vice-rois des provinces ; les Kans, qui occupoient les places les plus éminentes de l'armée ; et les Bahadours, qu'on pourroit comparer à nos chevaliers. Le nombre des individus de ces trois ordres, étoit arbitraire, et chacun d'eux avoit dans l'empire, des privileges particuliers, et des droits au respect des sujets qui ne possédoient pas de dignités.

Le cours de la justice suivoit la même gradation que la raison générale semble avoir établie dans tous les gouvernemens réguliers. Les provinces étoient divisées par districts, et dans chaque, un juge, nommé par l'Empereur, prononçoit dans les affaires civiles et criminelles. Il rendoit son jugement sur les crimes capitaux, mais la sentence n'étoit jamais exécutée, sans être revêtue du consentement et du sceau du gouverneur de la province. Dans les procès concernant la propriété, il y avoit appel à la cour suprême que présidoit le Vice-roi en personne. Chaque province étoit en miniature, une copie de l'empire. Trois juges, revêtus de titres de grandes dignités, siégeoient avec nombre d'assesseurs dans la capitale. Non-seulement ils jugeoient sans appel, mais les procès pouvoient commencer devant eux. L'Empereur, lui-même, en présence des nobles, présidoit presque tous les jours cette cour, qui siégeoit ordinairement deux heures, dans la grande salle publique de justice.

Lorsque la chose paroissoit claire, le Prince, sans beaucoup hésiter, prononçoit son jugement; lorsqu'elle étoit douteuse, on examinoit les témoins, et on prenoit l'opinion des juges, sur l'application de la loi. Le procès paroissoit-il compliqué, il étoit renvoyé au jugement de la cour, dans sa propre salle. Mais le sujet pouvoit appeler de cette décision, à l'Empereur et à ses assesseurs, dans la salle d'audience. Ces cours, présidées ou non par l'Empereur, étoient toujours ouvertes au peuple. Jamais un jugement n'étoit secrètement prononcé, à moins que la puissance du coupable ne rendît une instruction publique, dangereuse pour l'état.

Les grands officiers de l'état, par une espèce de prescription, formoient un conseil, qui répondoit à notre *Cabinet*. L'Empereur demandoit leur avis sur les affaires du moment; il écoutoit leur opinion, mais jamais on ne votoit. Les grands étoient ses conseillers, mais n'avoient pas à controller son pouvoir. Il appeloit souvent à ce conseil, des personnes de départemens inférieurs; et lorsque la délibération concernoit une province, les nobles, qui avoient plus de connoissances sur cette partie de l'empire, étoient admis au cabinet. Ce conseil connoissoit des crimes des nobles du premier rang, et des crimes d'état. C'étoit une espèce de jury qui établissoit les preuves du fait, et le souverain prononçoit sa sentence. Par son pouvoir despotique, il pouvoit, sans leur avis, rendre un décret de mort, mais l'opinion reçue de tout le monde sur ce point, le lioit comme une loi.

A ces grands traits du gouvernement des Mogols, on peut ajouter quelques réflexions. Il falloit conserver par la force, des conquêtes faites plutôt par des incursions que par la guerre. L'épée qui s'étoit soumis l'empire, le conserva dans la maison de Timur. Les sujets obéissoient par nécessité plutôt que par choix; et la douceur de son administration provenoit plus de celle de ses dispositions, que celle de ses réglemens. Les principes despotiques des Tartares, greffés sur les dogmes religieux des Mahométans, conduisoient aux moyens de force, et semblerent ne reconnoître d'autre obéissance, que celle qui procédoit de la crainte. Cette circonstance obligea le despote à revêtir d'une grande partie de son pouvoir, ses envoyés dans les provinces ; et lorsqu'ils quittoient la capitale, peu s'en falloit que de sujets ils ne devinssent Princes.

Cette communication de pouvoir, quoique nécessaire en quelque sorte pour commander au peuple, devint dangereuse pour le Prince. Les délégués de l'Empereur commencerent à perdre de leur soumission, en proportion de leur éloignement du trône. Les gouverneurs devinrent à-peu-près indépendans, quoiqu'ils professassent l'obéissance aux ordonnances impériales. Une certaine portion du revenu étoit payée à la couronne, et dans une cour vénale, le délégué trouvoit souvent le moyen de conserver la faveur de son prince, lorsqu'il désobéissoit à ses ordres. Pendant le déclin de l'empire, toute idée de loyauté fut détruite parmi le peuple des provinces éloignées. Il entendoit parler d'un Empereur, comme les superstitieux, d'un ange gardien qu'ils ne voyent jamais. L'indifférence pour sa destinée nâquit, dès qu'on ne ressentit plus son pouvoir. Un paysan, au bout de quelques mois, étoit instruit d'une révolution à Dehli ; il n'arrêtoit pas ses bœufs ; il ne convertissoit point en épée le soc de sa charrue ; il siffloit sans inquiétude le long de son champ, et ne demandoit peut-être pas même le nom du nouveau souverain.

Nonobstant cette indifférence, dans la classe inférieure, l'Empereur étendoit chaque jour les marques de son autorité suprême, jusqu'aux extrémités les plus reculées de ses états. Ses édits étoient transmis à chaque district, lus publiquement, et enregistrés dans les cours de justice. Ils étoient la garantie du peuple, contre les impositions arbitraires des gouverneurs ; de leurs décisions, on interjettoit appel à l'Empereur, dans sa salle d'audience, par une pétition. Cette doctrine étoit inculquée par les édits, et plusieurs opprimés tirerent avantage de la promesse de justice qu'ils contenoient. Leurs pétitions, lorsqu'elles trouvoient accès auprès du trône, étoient écoutées avec toute l'attention d'un Prince jaloux de son autorité ; et dans plusieurs occasions, des gouverneurs de provinces furent sévèrement punis, pour avoir commis un acte d'injustice, envers un pauvre paysan. Ne jamais pardonner à l'oppresseur du foible, de l'indigent, étoit une maxime reçue par tous les princes de la maison de Timur.

Le pouvoir de disposer de sa succession, appartient naturellement au despote. Durant sa vie, son vouloir est la loi. Lorsqu'il meurt, son autorité cesse ; mais la force de l'habitude a fait, de sa volonté, un titre supérieur à la primogéniture, en faveur d'un de ses enfans. Ce pouvoir est, en quelque sorte, nécessaire. Un Prince, ayant au trône des droits incontestables, pourroit être très-dangereux à son pere, dans un empire établi sur les principes que nous avons décrits. Le poids que pourroient lui donner ses espérances, entraveroit la marche du gouvernement, qui, dans son système despotique, ne peut supporter aucun retard, aucune opposition, aucune division ou limitation de pouvoir. Les talens personnels sont plus nécessaires dans ce système de gouvernement, que dans celui qui est soumis à des lois fixes. Un prince foible fait naître plus de calamités qu'une guerre civile. Une minorité est à redouter ; et elle ne sauroit, pour ainsi dire, exister dans un pays où la voix du Prince est la loi vivante, qui met en mouvement toute la machine de l'Etat.

Aux yeux des hommes, souvent la nécessité excuse les plus grands crimes. Un Prince doué de grands talens, qui monte sur un trône de l'Orient, et en exclut un frere aîné, échappe à la haine de ses sujets, à la faveur de l'espoir qu'ils conçoivent, de tirer de grands avantages de ses qualités supérieures. Le fratricide lui-même perd son nom, et n'est considéré que comme un acte de défense personnelle, combinée avec le bien public. La grandeur du crime est éclipsée par la grandeur du motif ; le succès est une décision divine, et l'Etat regarde la mort des malheureuses victimes, comme un sacrifice fait à son propre repos. Etre né Prince, est donc une infortune de l'espece la plus grave et la plus embarrassante : le Prince doit mourir par douceur, ou répandre tout le sang de sa propre famille pour s'assurer l'Empire.

Les Indous, ou sectateurs de Brahma, sont dans l'Inde, beaucoup supérieurs en nombre aux Mahométans ; le système de religion qu'ils professent, n'est bien connu que par son effet sur les mœurs du peuple. Doux, humain, obéissant, industrieux, il est de tous ceux de sa terre, le plus facile à conquérir et à gouverner ; son gouvernement comme celui de tous les habitans de l'Asie, est despotique ; mais les principes vertueux inculqués par la religion, le tempèrent au point de le rendre plus doux que celui des monarchies limitées d'Europe. Quelques-unes des familles regnantes font connoître avec clarté leur filiation depuis plus de quatre mille ans ; quelques-unes, mais d'une façon douteuse, depuis ces tems obscurs que nous plaçons avant le déluge. Les révolutions, les changemens sont des choses inconnues ; l'assassinat, les conspirations n'existerent jamais.

Les lois pénales sont à peine connues parmi les Indous, car ils ont peu de motifs pour commettre de mauvaises actions ; sobres dans leur manière de vivre, d'une constitution délicate, leurs passions sont calmes, et ils n'ont d'autre desir que d'exister avec douceur et mollesse. Timides et soumis, l'usage d'une diete froide et végétale, leur donne une horreur naturelle pour le sang ; industrieux et sobres, ils possedent des richesses dont ils ne jouissent jamais. Les pays gouvernés par des Princes indigenes, qui ont résisté aux dévastations des Mahometans, possedent de grandes richesses et une excellente agriculture. Ceux qui les gouvernent encouragent l'industrie et le commerce, et c'est à l'adresse des Idous que nous devons les plus belles manufactures de l'Orient. Sous l'empire des Mogols, les sectateurs de Brahma faisoient tout le commerce de l'Inde. Les banquiers, les écrivains, les financiers étoient Indous ; et les Princes les plus sages de la maison de Timur, protegerent et encouragerent de si paisibles et utiles sujets.

La nation des Marattes, quoique composée en grande partie, de Rajepoutes, ou de cette tribu, dont la principale occupation est la guerre, conservent dans leur gouvernement domestique, la douceur de leurs compatriotes. Tandis que leurs armées portent la destruction et la mort sur le territoire des Mahométans, tout dans l'intérieur est heureux et paisible. Etre étranger, suffit pour jouir de la sécurité. L'hospitalité fournit toutes les provisions, et lorsqu'on demande à un paysan de l'eau, il court avec gaîté et rapporte du lait. Cette peinture du bonheur n'est pas idéale. L'auteur de cette dissertation, qui dernièrement a voyagé dans le pays des Marattes, affirme, d'après l'expérience, la vérité de ces observations. Les Marattes, qu'on nous a peints comme des barbares, sont un grand peuple qui s'élève, soumis à un gouvernement régulier, dont les bases reposent sur la vertu......

FIN.

―――――――――――

De l'Imprimerie de MOREAUX, rue Helvétius N°. 607, vis-à-vis celle Clos-Georgeot.

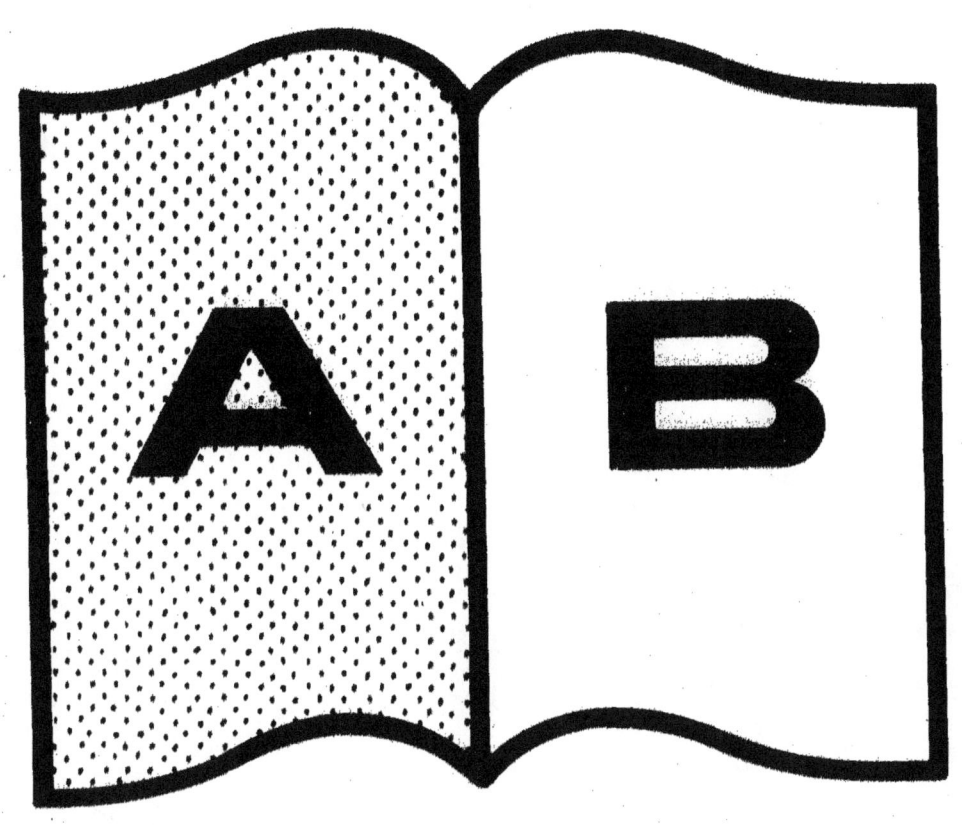

Contraste insuffisant

NF Z 43-120-14

www.ingramcontent.com/pod-product-compliance
Lightning Source LLC
Chambersburg PA
CBHW060912050426
42453CB00010B/1673